de Tralage
22   681.

Jean Nicolas de Tralage

Y 5546
N°2.

If   409 – 451

Recoeüil de diverses pieces de Theatre.
Tome 2

Le Carnaual, Mascarade. numero 1

Ballet des Ballets. numero 2

Sujet des Amours du Soleil, tragedie. numero 3

Sujet des Amours de Bacchus et d'Ariane, Comedie Heroïque. numero 4

Intermedes pour une Comedie. numero 5

Sujet de Sedecias et Zenobie, tragedies. numero 6

Le Malade Jmaginaire, Comedie. numero 7.

Le Sujet de Circé, tragedie. numero 8

Le Sujet de l'Jnconnu, Comedie. numero 9

Les pygmees, Tragi-Comedie. numero. 10.

Les Amours de Microton, pastoralle. numero 11.

Le Triomphe des Dames, Comedie. numero. 12

Lyli.

Lysimachus, tragoedia. numero 13. et 14.
Perseé, tragedie — ballet. numero 15.
Manasses, tragoedia. numero. 16
Ballet de la Gazette. numero. 17
Adrastus tragoedia. numero 18
Thyeste. tragedie. numero ~~20~~ 19
Virgo Aurelianensis, tragoedia. numero ~~19~~. 20
La Toison d'Or. nombre 21
Demetrius. nombre 22. et 23
Clisson. nombre 24 et 25
Ballet des Arts. nombre 25
Simon Machabée. nombre 26
Celsus, ou Celse, Nombre 27. 28. 29
Erixane. nombre 30. 31
Heraclius. nombre 32. 33.
Ballet des Saisons. nombre 33
l'Amour et l'Hymen. Nombre 34
Esther. Nombre 35
Jonathas. Nombre 36
David. Nombre 37
Archelaus. Nombre 38
Saül. Nombre 39

persee et Demetrius. Nombre 40
Sophronif. Nombre 41. et 42.

LE CARNAVAL

MASCARADE ROYALE.

Dansée par sa Majesté le dix-huitiéme
Ianuier 1668.

A PARIS,
Par ROBERT BALLARD, seul Imprimeur du
Roy pour la Musique.

M. DC. LXVIII.
Auec Priuilege de sa Majesté.

CARNAVAL
MASCARADE
ROYALE.

Dansée par sa Majesté le dix-huitiéme
Janvier 1668.

LE CARNAVAL.

MASCARADE ROYALE.

E Carnaval habillé d'vne maniere qui le fait d'abord reconnoistre, paroist sur vn petit Thrône, dans le fonds du Theatre. Il est enuironné de sa Suite ordinaire, vestuë de ses Liurées, & com-

A ij

posée d'vn grand nombre de Personnes qui chantent, & qui jouënt de plusieurs sortes d'Instruments. Les Violons qui le suiuent, commencent à celebrer son retour, & Luy-mesme, par vn Recit qu'il chante, excite les Enjoüements qui l'accompagnent, à delasser le plus Grand des Monarques de ses glorieux Trauaux.

Le Carnaual. Monsieur d'Estiual.

Suite du Carnaual.

Monsieur de Lully.
Messieurs le Gros, le Camus, d'Anglebert, Itier, Richard, la Barre le cadet, Pinel, Grenerin, Hedoüin, Gingan, Don, Boni, Fernon l'aisné, Fernon le cadet, Rebel, Deschamps, Gaye, Ioannet & Laigu Pages de la Musique de la Chambre.
Oger, & Ludet Pages de la Musique de la Chapelle.

Grands Violons.	Petits Violons.
Du Manoir.	Marchand.
Leger.	La Caisse l'aisné.
Mazuel.	La Caisse le cadet.
Chaudron.	Magny.
Fauier.	Huguenet.
Bruslart l'aisné.	Brouard.
Bruslart le jeune.	Le Roux l'aisné.
Feugré.	Le Roux le cadet.
Ioubert.	Guerin.
Des-Noyers.	Le Grais.
Balus.	La Fontaine.
Du Pin.	Charlot.
Des-Matins.	Martinot pere.
Lesperuier.	Martinot fils.
Robeau.	Alais.
Varin.	Fossard.
La Place.	Destouches.
De Lespine.	Roulin.
Mercier.	
Camille.	
Simper.	
Cheualier.	

Flutes.

Descouteaux pere, Descouteaux fils, Piesche, Philbert, Iean Opterre, Nicolas Opterre, Martin Opterre, & Louys Opterre.

B

RECIT DV CARNAVAL.

JE reuiens enfin, à mon tour,
    Dans cette illuſtre Cour
Où, ſous vn Regne heureux, tant de grandeur abonde :
Vous, qui m'accompagnez, aimables Enjoüements,
    Prenez vos plus doux agréments,
Pour diuertir les Soins du plus grand ROY du Monde.

    Toutes les voix enſemble.

    Profitons du temps
    Qu'il donne à nos Chants ;
Dés que les tendres Herbettes
Rajeuniront l'Vniuers,
Les Tambours, & les Trompettes
Feront ſes plus doux concerts.

PREMIERE ENTRE'E

LEs PLAISIRS inseparables du Carnaual, s'empressent les premiers à le suiure, & l'vn d'Eux, par vne Chanson qu'il chante en dançant, inuittent tout le monde à l'Amour, & à la Ioye.

Plaisirs qui dançent.
LE ROY.
Le Marquis de Villeroy, le Marquis de Rassan, Messieurs Beauchamp, & Noblet.

Plaisir qui chante en dançant. Mr Noblet.

CHANSON DES PLAISIRS.

Aymez, cherchez à plaire,
Vous ne sçauriez mieux faire;
Les plus beaux de vos jours
Sont faits pour les amours:
Mais bannissez les larmes,
Et les tristes soûpirs,
Les Amours sont sans charmes
Sans le secours des Plaisirs.

Le Dieu qui fait qu'on ayme
Fuit les Chagrins, Luy-mesme,
Et cherche à tous moments
Les Divertissements:
Il n'ayme point à prendre
Des soins qui soient fâcheux,
Et c'est un Enfant tendre
Qui se plaist parmy les Ieux.

II. ENTRÉE.

DES IOVEVRS redoublent l'ardeur qu'ils ont pour le Ieu au retour du Carnaual, & tandis qu'ils joüent, deux Maistres d'Academie, qui leur ont preparé des Cartes & des Dez, se rejouïssent du profit qu'ils esperent.

Ioüeurs. Le Duc de Cheureuse, Monsieur de Souuille, Messieurs Ioüan, S. André, Mayeu, & Pesan.

Maistres de l'Academie du Ieu.
Monsieur Coquet, & M. d'Heureux.

III. ENTRE'E.

DEs Gens de bonne chere prennent part aux rejouïssances du Carnaual : vn d'entr'Eux chante vne Chanson à boire au milieu des Autres, qui dançent autour de luy.
Gens de bonne chere qui dançent.
Messieurs Doliuet, Chicanneau,
le Chantre, & du Pron.

CHANSON A BOIRE.
Chantée par Monsieur Gaye.

NOus n'auons jamais de chagrin;
Si quelqu'vn de Nous est mal sain,
Pour courir à son ayde
Nous nous passons du Medecin.
Nous sçauons vn secret diuin,
Vn grand remede,
A qui tout cede,
C'est le bon vin.

Si l'Amour, ce petit Lutin,
Veut troubler nostre heureux destin,
Auant qu'il nous possede
Nous le chassons le verre en main.
Nous sçauons vn secret diuin,
Vn grand remede,
A qui tout cede,
C'est le bon vin.

C

IV. ENTRE'E.

DEux Maiſtres à dançer teſmoignent la Ioye qu'ils ont des auantages que le retour du Carnaual leur donne.

Maiſtres à dançer.
Les Sieurs la Pierre, & Fauier.

V. ENTRE'E.

VNe Trouppe de Maſques ridicules, auec des habits bizares, & des poſtures croteſques, ſe meſle à la ſuitte du Carnaual.

Maſques ridicules.
Meſsieurs Doliuet, le Chantre, Bonard, & Arnald.   *Hommes.*

Meſsieurs Payſan, Vaignard, Chauueau, & Mayeu.   *Femmes.*

VI. ENTRE'E.

Es Masques serieux, & Magnifiques, viennent prendre part aux diuertissemens du Carnaual: Ils sont conduits par la Galanterie, qui adjouste à leur dance l'agrément d'vne chanson pleine de maximes galantes, qu'elle chante au milieu d'Eux.

Masques serieux.
LE ROY.

Messieurs d'Armagnac, & de Vaudemont, le Marquis de Villeroy, le Marquis de Rassan, & M. Beauchamp.

LA GALANTERIE.   M.lle. Hilaire.

CHANSON DE LA GALANTERIE.

Maximes de Galanterie pour les Hommes.

Soyez fidelle:
Le soin d'vn Amant
Prés d'vne Belle
Trouue aisement
Vn heureux moment.
Souuent vne ame cruelle
S'engage en dépit d'elle,

C'est le grand secret que d'aimer constamment.
  Soyez fidelle:
  Le soin d'vn Amant
  Prés d'vne Belle
  Trouue aisement
  Vn heureux moment.
Aux loix d'Amour en vain l'on est rebelle,
Chacun tost, ou tart, suit vn Dieu si charmant.
  Soyez fidelle:
  Le soin d'vn Amant
  Prés d'vne Belle
  Trouue aisement
  Vn heureux moment.

Maximes de Galanterie pour les Dames.

  Quand on sçait plaire,
  Sur tout dans la Cour,
  Que peut-on faire
  Et nuit & jour
  Sans vn peu d'amour?
 Vn jeune cœur sans affaire
  Ne se diuertit guere,
Que sert de charmer si l'on n'aime à son tour?
  Quand on sçait plaire,
  Sur tout dans la Cour,
  Que peut-on faire

Et

Et nuit & jour,
Sans un peu d'amour?
N'attendez pas pour n'estre point seuere
Que vos plus beaux ans commencent leur retour.
Quand on sçait plaire,
Sur tout dans la Cour,
Que peut-on faire
Et nuit & jour
Sans un peu d'amour?

VII. ET DERNIERE ENTRE'E.

Le Carnaual descend pour accompagner la Galanterie, & tandis qu'ils chantent vne maniere de Dialogue, ou tous les chœurs, tant des voix que des instruments se meslent, & répondent tour à tour; ce qui a paru dans les Entrées precedentes se reünit, & dance ensemble.

Dialogue du Carnaual & de la Galanterie.

LE CARNAVAL.

Corrigeons de l'Hyuer la rigueur naturelle,
Et nous vnissons tous.

La Galanterie.

De la Saison la plus cruelle
Faisons pour nous
La Saison la plus belle,
Et les Iours les plus doux.

Le Carnaual & la Galanterie chantent ensemble, & tous les chœurs leur répondent.

Meslons à la Dance,
La douceur de nos Chansons,
Chantons, & dançons;
Que ce plaisir recommence
En mille façons,
Chantons, & dançons.

F I N.

VERS
POUR LES PERSONNAGES
DE LA
MASCARADE
ROYALE
DU CARNAVAL.

POVR LE ROY.   *Plaisir.*

A Ce PLAISIR se mesle un Trauail assidu,
La Gloire en est, tout se r'assemble,
Et s'vnit tellement ensemble
Qu'il n'est rien de mieux confondu.

Ce PLAISIR a dequoy combler nostre desir,
Et cette derniere Campagne
A fait auoüer à l'Espagne
Que c'est vn terrible PLAISIR.

Elle doit cet Hiuer détourner ses malheurs,
Sinon au retour du Zephyre
Ie crains qu'elle n'ait lieu de dire
Pour vn PLAISIR mille douleurs.

S'il flate nostre goust pour elle quant & quant
Il est d'vne amertume insigne,
Et selon qu'on s'en trouue digne
C'est vn PLAISIR doux & piquant.

Voyez de quelle grace en cadence il se meut,
Il n'est point de cœurs qu'il n'entraisne,
Enfin c'est vn PLAISIR de Reine,
Et dont ne gouste pas qui veut.

Pour le Marquis de Villeroy.   *Plaisir.*

Parmy tous les Plaisirs vous estes à souhait,
Mais ne sçauez vous pas que vous estes bien fait,
Que les talans d'autruy n'effacent point les vostres,
Et quand vous étalez ce grand air en entrant
Sans conter le Plaisir que vous faites aux autres,
Vous en faites vous pas à vous mesme vn fort grand?

Pour le Duc de Cheureuse.   *Ioüeur.*

Vous auez joüé de bonheur,
Et par vostre Aliance & par vostre courage,
Il y parest chez vous, & sur vostre visage
Que la guerre a marqué d'vn eternel honneur.

Pour LE ROY.   *Masque serieux.*

Masque, ne sçauroit-on deuiner qui vous estes?
A cette mine haute, à tout ce que vous faites,
A ces traits de grandeur éclatans, glorieux,
Et si fort au dessus de tout ce que nous sommes,
A ce qui malgré vous s'échape de vos yeux
Il faut que vous soyez la merueille des Hommes.

*Demeurer inconnu c'est pour vous vne affaire,
Et la seule je croy que vous ne sçauriez faire,
Car en vous tout trahit le soin de vous cacher,
Il n'est point pour cela de nuit assez profonde,
Aucun déguisement ne sçauroit empescher
Qu'on ne vous prenne icy pour le premier du monde.*

Ah! je me doutois bien que vous estiez le Maistre,
Et vostre procedé m'ayde à vous reconestre,
Personne là dessus n'est long-temps abusé,
Et l'Espagne qui vient d'essuyer la bourasque
Voudroit que vous fussiez encore déguisé,
Tant vous luy faites peur quand vous leuez le
masque.

Pour Monsieur le Grand.   Masque.

CE Masque a bonne mine,
Plus en luy j'examine
Ce grand air & ce port
Qui nous charme d'abord,
Moins je le puis connestre,
Mais je l'attens au ton,
Et s'il parloit peut-estre
Le reconnestroit on.

Pour le Prince de Vaudemont.   Masque.

IE ne cognois point celuy-cy,
Il ne fait qu'ariuer icy,
Et je ne pense pas l'auoir veu de ma vie,
Mais aux Dames il plaist,
Et si je ne me trompe elles auroient enuie
De sçauoir quel il est.

Pour le Marquis de Villeroy.   Masque.

CEs cheueux qui vous vont quasi jusqu'aux
    genoux,
Et cette taille aisée & fine comme vous
Font qu'on vous reconest sans pouuoir s'y méprēdre,
Vous auez en reuanche vn cœur si bien masqué,
Que les plus clairuoyans auroient peine à comprēdre
De quels yeux est party le trait qui l'a piqué.

Pour le Marquis de Rassan.   Masque.

CE Masque est agreable, & me parest vn
    homme
Dont les talens sont à priser,
Tant qu'il demeure ferme il se peut déguiser,
Mais dés qu'il fait vn pas tout le monde le nomme.

F I N.

www.ingramcontent.com/pod-product-compliance
Lightning Source LLC
Chambersburg PA
CBHW070541050426
42451CB00013B/3118